ADAUTO FELISÁRIO MUNHOZ

Vida de São Jorge

Orações, ladainha e novena

Direção Editorial:	Pe. Fábio Evaristo R. Silva, C.Ss.R.
Coordenação Editorial:	Ana Lúcia de Castro Leite
Copidesque:	Denis Faria
Revisão:	Luana Galvão
Diagramação e Capa:	Mauricio Pereira

Dados Internacionais de Catalogação na Publicação (CIP)
(Câmara Brasileira do Livro, SP, Brasil)

Munhoz, Adauto Felisário
    Vida de São Jorge: orações, ladainha e novena/ Adauto Felisário Munhoz. – Aparecida, SP: Editora Santuário, 2018.

    ISBN 978-85-369-0530-3

    1. Jorge, Santo, m. 303 2. Jorge, Santo, m. 303 - Culto I. Título.

17-11275   CDD-235.2

Índices para catálogo sistemático:
1. São Jorge: Biografia 235.2

2ª impressão

Rua Pe. Claro Monteiro, 342 – 12570-000 - Aparecida-SP
Tel.: 12 3104-2000 – Televendas: 0800 - 16 00 04
www.editorasantuario.com.br
vendas@editorasantuario.com.br

Apresentação

São Jorge é um santo muito popular no Brasil e também no mundo todo, principalmente no Oriente. Um dos santos mais venerados no catolicismo, na Igreja Ortodoxa e também na Comunhão Anglicana.

Seu culto litúrgico expandiu-se por toda parte por meio da Igreja Oriental, e ele acabou se tornando um dos santos mais populares da Idade Média. Celebra-se sua festa litúrgica no dia 23 de abril, data essa em que se comemora a reconstrução da igreja a ele dedicada na cidade de Lida em Israel, construída originariamente pelo Imperador romano Constantino, no século IV, onde se encontram suas relíquias. De São Jorge se possuem os *Atos do Martírio*, incríveis relatos que foram considerados apócrifos pelo Decreto do papa Gelásio no século V. Poderíamos até duvidar de sua existência, mas contra os fatos não há argumentos.

A devoção ao mártir São Jorge é tão antiga e tão forte que jamais poderemos duvidar de sua existência histórica. Além de ter seu nome em cidades e povoados, existem inúmeras igrejas dedicadas em sua honra. Foi proclamado padroeiro da cidade Gênova, de outras cidades da Espanha, Portugal, Lituânia e Inglaterra – neste último país com a solene confirmação do papa Bento XIV.

A influência da devoção a São Jorge na cultura lusitana acompanhou a fundação do Brasil pelos portugueses. São Jorge é o padroeiro extraoficial da cidade do Rio de Janeiro, cujo título de padroeiro oficial é dado a São Sebastião. Na cidade de Ilhéus na Bahia, além de ser o padroeiro oficial, é também o patrono dos escoteiros. São Jorge é o patrono oficial da Cavalaria do Exército Brasileiro.

É um santo legítimo da Igreja Católica, o qual, já no século IV, era venerado como santo, tendo uma igreja a ele dedicada com o nome de "Grande Mártir". No Egito seu culto desde o início também foi muito popular, e a ele foram dedicadas 40 igrejas e três mosteiros.

Em Constantinopla, cidade sede do Império Romano do Oriente, ele foi ovacionado como protetor do grande Exército Imperial.

Em torno do ano 1000, seu culto passou a ser muito difundido no Ocidente, e sua vida heroica de conversão e testemunho de fé passou a ser floreada de histórias e lendas. Já não é fácil biografar um santo quando se tem todos os elementos documentados de sua vida, quanto mais um santo muito antigo. Exige pesquisas do biógrafo que vai montando fato por fato como um quebra cabeça; mas com certeza vale à pena o desafio. Que São Jorge mora na lua foi uma invenção brasileira, pois ele está no paraíso, junto dos eleitos, intercedendo incansavelmente por todos os seus devotos. Seu testemunho de fé é para nós um sinal de fidelidade ao amor de Deus, à Igreja e aos ensinamentos evangélicos de Jesus Cristo.

Adauto Felisário Munhoz, O.P.

I
Vida de São Jorge

A ORIGEM DE SÃO JORGE

Não existem documentos que registrem estes fatos, mas acredita-se que São Jorge nasceu na Capadócia, região da Anatólia, na Turquia, em torno do ano 275. Seus pais eram de linhagem nobre e seguiam fielmente a tradição militar romana. Vale salientar que naquele tempo o Império Romano dominava o mundo. Em todas as regiões onde houvesse força e poder, estava também presente a bandeira romana.

Pelo fato de serem uma família rica e poderosa tanto em patrimônios em terras como em dinheiro, deram ao filho toda condição de ter a melhor educação, com os melhores mestres da época, assim como também em sua formação para se tornar um militar. Supõe-se que na juventude tenha passado um tempo na cidade de Nicomédia, talvez para um período de estudo.

O jovem Jorge tornou-se um soldado exemplar por sua bondade e competência. Suas características eram a lealdade, coragem e o destemor. Possuía uma peculiaridade: desde menino foi muito apegado aos estudos, e isso ele levou por toda sua vida. Era inteligente e sagaz.

Muito jovem ainda teve a imensa tristeza de perder o pai, a quem, como bom filho, era muito afeiçoado. Não sabemos se tinha irmãos, pois os dados históricos não falam nada sobre isso; o que sabemos é que, com o falecimento do pai, Jorge herdou grande fortuna. Pelo fato de ser estudioso e disciplinado, conseguiu ter grande destaque e uma posição privilegiada junto ao imperador Diocleciano em Roma. Por essa razão, transferiu-se da Capadócia para Roma.

JORGE EM ROMA

O império romano já se achava em plena decadência naquele tempo. A ganância, o poder e a lascividade deterioravam o ser humano, produzindo pessoas fracas, enquanto cada governador se tornava um poço de corrupção e os palácios lugares propícios para orgias e todo tipo de festa mundana. Não havia limites, e nada conseguia frear essa situação. Junto a isso havia também o paganismo com religião politeísta. Quem adorava verdadeiro Deus eram os cristãos, discípulos e seguidores de Jesus Cristo, por isso eram perseguidos pelos pagãos. Para poderem celebrar a Santa Missa, rezarem e entoarem cânticos de louvor a Deus, reuniam-se nas catacumbas, escavações subterrâneas. Quando um cristão era descoberto e, por causa da sua fé, martirizado, seu corpo era depois recolhido pelos cristãos e sepultado no interior das catacumbas. Cada cristão trucidado por feras na arena tornava-se sementes de inúmeras conversões, pois a coragem de morrer por Cristo era um testemunho forte e questionador.

Não se sabe exatamente como foi que o jovem Jorge se sentiu atraído pela fé cristã. De linhagem nobre tinha os privilégios que quisesse, era rico e, de certa forma, poderoso pela posição que ocupava. Jovem, de classe abastada, tinha tudo para ser igual aos jovens de sua idade e se enredar pelos caminhos das vaidades profanas, por meio do álcool e das orgias, afinal assim viviam os pagãos. No entanto, levado pela pureza de seu coração, levado pelo impulso de amor pela verdade, foi procurar os cristãos nas catacumbas e pediu para ser batizado. E foi numa das catacumbas de Roma que, pelas mãos de um sacerdote católico, Jorge recebeu o santo batismo. A exemplo de São Paulo Apóstolo, que também fora militar, Jorge prometeu que doravante combateria no exército de Cristo.

O IMPERADOR VALORIZA SEU GENERAL

Todo governante acaba tendo ao seu redor um bando de bajuladores, chaleiras, ávidos de tirarem proveito da situação e se darem bem. Na corte de Diocleciano não foi diferente, estava sempre cercado dessa raça vil, mas ele não era ingênuo e sabia muito bem as intenções de cada um deles. Na Roma daquela época, havia um ataque de xenofobia contra os estrangeiros, e Jorge havia vindo do Oriente. Não era bem visto por aqueles que passavam o tempo todo tecendo falsos elogios ao imperador. Sabia bem distinguir entre eles os bons e os maus, os falsos e os honestos, os honrados e os hipócritas. Sabia muito bem qual era a intenção de cada um daqueles que passavam o tempo todo ao seu redor se ajoelhando e fazendo reverências a sua pessoa.

Eles chamavam os estrangeiros de bárbaros, como sinal de desprezo, e era dessa forma que falavam quando se referiam à pessoa de Jorge. Teciam entre si comentários depreciativos sobre ele, como novo general de confiança do imperador. Não suportavam ver a estima e a confiança que Diocleciano a ele dispensava. Correto, honesto, obediente e confiável, Jorge ganhou a confiança do imperador. Comentavam que Jorge não merecia as honrarias recebidas do César, título pelo qual todo imperador de Roma era chamado. O que essas pessoas não sabiam era que Jorge era um convertido ao cristianismo. Se soubessem, seria um motivo específico para denunciá-lo e ele ser decapitado. Ser cristão entre os romanos, na época do paganismo, era algo inaceitável.

JORGE LEVA CONFORTO AOS IRMÃOS

Seguro de si e de seus objetivos, Jorge procurava não se deter aos comentários pejorativos a respeito de sua pessoa, de seu trabalho e da estima que ganhara junto ao imperador. E, quando estava em horas de folga de seu serviço, buscava aliviar o ambiente pesado do palácio. Ia buscar paz e sossego no encontro com os pobres e desvalidos nos arredores de Roma. Sua presença no meio deles era motivo de alegria. Essa gente humilde eram os cristãos, que viviam sua fé de maneira oculta, porque eram perseguidos e massacrados. A presença de Jorge entre eles solidificava e encorajava a fé por verem um jovem soldado que, como eles, havia feito opção por Jesus Cristo, enfrentando o desafio de não adorar os falsos deuses pagãos. Ali entre seus companheiros de fé, Jorge não era o general do César, mas simplesmente o irmão de todos. Dos que estavam doentes e feridos, limpava-lhe as feridas e aplicava unguentos para a cura. Distribuía moedas para que comprassem alimentos para a subsistência de todos. Com eles fortificava sua fé nos ensinamentos deixados por Jesus Cristo.

Numa dessas visitas um cristão se aproximou dele e disse:

– Jorge, dizem que os conselheiros do imperador pretendem provocar uma nova avalanche de ódio e destruição entre os cristãos. Fazem isso para agradar ao César. Irmão, será que você não poderia fazer algo que impeça isso, visto que você está sempre próximo do Imperador Diocleciano?

– Sim! Vou fazer tudo o que eu puder para evitar isso, disse Jorge.

E o que Jorge prometia não ficava em palavras vagas, ele fazia mesmo. Usando seu prestígio junto ao Imperador, fez de tudo para suavizar a situação dos refugiados das catacumbas.

O imperador tinha em Jorge, mais que um militar, também um amigo e confidente. Diferentemente dos inúmeros bajuladores, Jorge se mostrava um homem sério, de caráter e personalidade. Diocleciano sabia que podia sempre contar com ele, por isso retribuía com atenção todos os seus pedidos.

QUESTÕES DE FÉ

Na sua essência, o Imperador Diocleciano não era uma pessoa tão má como outros soberanos de Roma. Era uma pessoa inteligente, ponderada, até reconhecia que certas personalidades do cristianismo tinham valor na esfera cultural e admirava a coragem com que abraçavam e defendiam sua fé cristã. Mas ele não reconhecia o cristianismo como verdadeira fé, por isso se sentia no dever de combater e dizimar os cristãos.

Ele tinha o compromisso de defender a tradição politeísta do império, que adorava muitos deuses. Pelo fato de o cristianismo aumentar dia a dia de forma impressionante, o imperador tinha de acabar com a influência de cristãos em seu governo. Em conversas com Jorge gostava de confabular sobre os deuses.

– Jorge, na verdade, eu admito que grandes personalidades do Cristianismo foram grandes vultos. Homens e mulheres de grande inteligência e coragem, mas infelizmente estavam errados na sua opção de fé.

– Talvez haja um equívoco, essas pessoas nem sempre estiveram erradas.

– Com certeza erraram, meu caro Jorge. Vejamos bem, nós temos em torno de trinta mil deuses no Panteão, isso mostra que Roma é o centro do mundo, domina e decide tudo. Domina até os deuses dos outros.

– Sim, majestade! Mas trinta mil deuses são deuses demais e qualquer pessoa teria imensa dificuldade de entender qual deles é o verdadeiro.

– Como assim? Todos eles são deuses verdadeiros.

– Isso merece um questionamento, majestade! Os maiores filósofos do mundo, como Platão e Sócrates, sempre afirmaram que só existe um único Deus. Muitos deuses assim reunidos causam enorme confusão, ninguém sabe quem é quem. Além do mais, eles são muito humanizados, imperfeitos e sujeitos a erros.

– De forma alguma aceito essa teoria, Jorge. O império romano lutou e venceu inúmeros países e, a cada vitória, incorporou para si os deuses de outros povos e nações. Esses deuses são patrimônio do império romano. Não me interessa o que pensam ou afirmam os filósofos, nem sempre eles estão certos.

– Os filósofos são pessoas sábias que vivem buscando a verdade.

– A única verdade é Roma, fora dela não existe outra verdade. Roma rege o mundo, e nós somos absolutos no poder. Veja este mapa, é do domínio romano, é tão grande que tenho de dividi-lo com outros governantes como Galério, que é o César do Oriente, e Maximiano, que é o César das Gálias.

– Mesmo assim, majestade, esses deuses não conseguirão manter a unidade do império. São tantos que causam confusão na mente de quem tenta de forma inútil compreendê-los.

DESPOJAMENTO

As conversas sobre religião entre Jorge e Diocleciano passaram a ser frequentes e, apesar da amizade, estima e respeito que tinha pelo jovem general do seu exército, o imperador começou a ficar apreensivo. O jovem general, que ele mandara vir da Palestina, apesar de culto, inteligente, leal e corajoso, tinha ideias estranhas de sempre defender os cristãos. Se isso caísse no ouvido de seus assessores, que já tinham grande aversão, ciúmes e inveja de Jorge, na certa, a situação ficaria insuportável, e Jorge ganharia a antipatia de todos.

Em todo governo, existem aqueles que querem levar vantagem ganhando mais, tendo privilégios, e o pior, sem fazer nada, viver como mandrião e articular maldades para prejudicar os outros. Assim estavam fazendo com Jorge: seus opositores criavam comentários venenosos para macular a sua pessoa diante do Imperador. Um dos cortesões chegou a, dizer ao Imperador tinha pretensões políticas com articulações de entregar o Império aos cristãos. Tantas eram as artimanhas armadas e articuladas pelos aduladores do império que, um dia, Diocleciano perdeu a paciência. Levado por toda consideração, por toda estima que tinha por Jorge, o Imperador irritou-se:

– Chega! Não admito que fiquem levantando suspeitas sem fundamentos. Não admito que falem mal do jovem general, porque além de tudo ele é meu amigo. Conheço seu caráter e nenhuma dessas mentiras me convencerá a um julgamento contrário da personalidade do general. Jorge tem muitas qualidades, é inteligente e capaz de grandes feitos. E tenho certeza de que não tem nenhuma ligação com os cristãos.

– Majestade! Retrucou um dos maldosos. Jorge é mais um cristão no meio dos demais para ameaçar a segurança do nosso império.

– Não há o que se temer dos cristãos! Dizia Diocleciano. Nada poderão fazer contra o meu império. Se tentarem algo, eu os destruirei como se matam os vermes. Essa doutrina esquisita que eles pregam logo vai desaparecer.

Jorge, por sua vez, em todos os momentos que podia, estava reunido com seus irmãos de fé nos bairros pobres na periferia de Roma ou nas catacumbas para rezar e participar do Santo Sacrifício da Missa e se abastecer da Eucaristia.

Diante do medo e do escrúpulo dos cristãos, Jorge os encorajava com palavras firmes e determinadas:

– Tenhamos fé! Tenho rezado muito para evitar o ódio do imperador; o martírio pode ser uma experiência terrível, mas é uma escada para subirmos mais rápido para o céu. O sangue regado nesta terra será semente de muitos outros que virão abraçar a fé em Jesus Cristo.

Foi então que Jorge teve um gesto maravilhoso. Desfez de toda a sua fortuna distribuindo tudo entre os pobres e infelizes. Da herança deixada por seus pais não ficou com nada. Todos os seus bens materiais passaram a ser empregados na cura dos doentes, suavizar as dores e dar abrigo aos pobres de Deus.

INTRIGAS PALACIANAS

Os opositores de Jorge não perdiam nenhuma oportunidade de tramarem intrigas e criarem suspeitas sobre sua pessoa, por inveja da amizade do jovem general com o imperador. Ao ficarem sabendo que Jorge havia se desfeito de sua fortuna, foram envenenar o César com comentários articulados.

– Sabia, majestade, que Jorge perdeu toda a sua fortuna?

– Não é possível! Que eu o saiba é uma pessoa desinteressada de jogos. Jorge é um rapaz rico, não pode ter perdido tudo assim do nada – concluiu Diocleciano.

– É provável que ele seja cristão. Os cristãos não cumulam riquezas, tudo o que possuem é colocado em comum entre eles e assim ninguém passa fome ou qualquer tipo de necessidade – concluiu um dos maldosos.

– Deve ser calúnia! Ninguém é doido de ir jogando dinheiro fora assim – respondeu o César.

– Mas é verdade, majestade. Jorge vive agora apenas do salário de militar. Devemos tomar cuidado; ele agora vive alimentando os cristãos que são inimigos do império e dos nossos deuses.

Enquanto essas pessoas viviam preocupadas em articular coisas sobre a pessoa de Jorge, ele próprio vivia como um seguidor de Jesus Cristo, com sua fé, o coração limpo e livre de qualquer tipo de orgulho ou vaidade. Nas catacumbas era visto com muito respeito por seus irmãos de fé. Já o imperador, pela consideração e estima que tinha pelo jovem general, procurava ignorar todo tipo de intriga que faziam a respeito de sua pessoa. Se no fundo acreditava no que falavam, fazia todo mundo ver e crer que isso não lhe afetava e seguia em frente com causas mais prioritárias.

ARTICULAÇÕES NA NICOMÉDIA

O império romano era muito vasto, e, para bem administrá-lo, Diocleciano precisava da ajuda de imperadores coadjutores, por isso, periodicamente, fazia uma viagem de inspeção para averiguar como andavam as coisas nas outras partes de seu império. A parte ocidental era governada por Maximino, que fez como capital de seu governo a cidade de Milão. A parte oriental era governada por Galério, genro de Diocleciano. Galério tinha ódio avassalador aos cristãos.

O império romano era formado por povos conquistados, por isso esses povos, em constante descontentamento, provocavam revoltas como forma de se libertarem do opressor. Essas articulações suscitavam insegurança e alerta de perigo no imperador romano. Em razão disso, Diocleciano foi conversar com Galério para articular estratégias de defesa do império. Este era um homem sem princípios, sem caráter, sem escrúpulo e sem moral. Seu plano de defesa era de uma perversidade sem tamanho, pois tinha como objetivo atacar e destruir os cristãos. E foi assim que ele tentou convencer seu sogro:

– Os cristãos a cada dia tornam-se mais numerosos. Eles são uma ameaça para nós, precisamos destruí-los, Imperador!

– Meu caro Galério, que perigo eles podem oferecer?

– Acreditam num único Deus e não é bom para nós sustentarem essa tolice.

– Exagero da sua parte. No meu exército tenho diversos cristãos como militares e são ótimos e fiéis soldados.

– Aí é que está o erro, majestade! Não podem ser bons porque afirmam que um homem não pode escravizar o outro. Isso é contrário à nossa doutrina; nosso império é forte e vasto porque nós escravizamos as nações.

– Nem por isso vejo os cristãos como uma ameaça, respondeu Diocleciano.

– Eles seguem, adoram e propagam que um tal de Jesus de Nazaré, nascido no Oriente, é filho de Deus. E pregam aos quatro ventos que esse Jesus afirmou que somos todos iguais.

– Ainda continuo achando um equívoco da sua parte; Jorge, um dos meus generais, falou muito bem desse Jesus de Nazaré. Disse até que ele certa vez, em suas pregações, recomendou: "Dai a César o que é de César e a Deus o que é de Deus".

– Foi bom que falaste desse tal Jorge. Já ouvi falar dele, porque esse tipo de notícia corre enormes distâncias. Dizem que esse tal Jorge da Capadócia goza de grande prestígio no império e diante de vossa majestade. No entanto, ele é um elemento perigoso e subversivo, pois é visto como um herói entre os cristãos por ajudá-los em suas subsistências. E ainda dizem que ele vai acabar lhe convertendo para o cristianismo.

– Embora suas palavras tenham certos argumentos de sabedoria, não creio que Jorge seja cristão, apenas faz comentários do cristianismo e de seu fundador, Jesus de Nazaré.

– Mas e se Jorge for cristão? Ele não poderia estar preparando sorrateiramente uma rebelião?

– Vou fazer uma séria investigação sobre isso, se Jorge for cristão terá de ser julgado e morto como os demais.

O PAVOR SE ESPALHA ENTRE OS CRISTÃOS

Jorge começou a ouvir fortes rumores de certos fatos graves que estavam acontecendo, e isso o deixou apreensivo em relação ao destino de seus irmãos de fé. Dirigiu-se às catacumbas levando a eles essas desagradáveis notícias. Assim que chegou, todos queriam saber como andavam as coisas.

– Jorge, você tem no rosto uma expressão de ansiedade e preocupação. Que tem para nos contar a respeito das atitudes do César?

– Meus irmãos, as notícias não são nada boas; a situação está ficando cada vez mais difícil. O imperador foi a Nicomédia e voltou muito diferente. Deve ter recebido maus conselhos de seu genro Maximino porque agora está decidido a eliminar os cristãos.

– E nós, o que devemos fazer? Jorge dê uma solução para nós.

– Por enquanto, meus irmãos, não deveremos fazer nada a não ser continuarmos a nossa caminhada. A perseguição em alguns lugares já começou; no exército já começou. Uma legião de soldados por serem cristãos foram todos martirizados.

– Se eram bons oficiais do exército, por que fez isso?

– O imperador quis fazer os soldados cristãos adorarem os falsos deuses romanos, e eles se recusaram a fazer isso. O problema foi esse. Com a própria vida, eles pagaram sua lealdade a Jesus Cristo.

Jorge recebe conselho de um dos irmãos de fé:

– Deve ter cautela, Jorge, sempre ao redor de um governante fica infestado de traidores, oportunistas, pessoas sem caráter que não têm escrúpulos de fazer coisas escusas para se darem bem. Se alguém descobre, ou apenas supõe, que você é cristão, não vai perder a oportunidade de denunciá-lo ao César. E ele, para agradar ao povo, não vai levar em consideração a amizade que tem por você.

– Obrigado pelo conselho, mas penso que no momento não corro perigo, porque está muito difícil de o imperador e eu nos vermos, pois os cortesões o cercam de todas as maneiras, e ele vive rodeado de aduladores. Além disso, Galério, seu genro, parece que tomou posse do sogro e o mantém preso a suas ideias erradas de perseguição aos cristãos. Mas não devemos nos enganar, logo o César vai desfechar ferrenha perseguição contra nós.

Conforme a previsão de Jorge, logo após expulsar e martirizar os soldados, orientado por Galério, Diocleciano desfechou tremenda perseguição aos cristãos pelas ruas e praças de Roma.

Tendo se reunido com prefeitos e governadores, expôs a questão do aumento dos cristãos e a ameaça que isso poderia ser ao império, e o fato de eles não se curvarem para adorar os deuses romanos. Então a perseguição começou. Primeiro foi a destruição dos lugares onde os cristãos se reuniam para celebrar a Eucaristia e ouvir a Palavra de Deus. Destruiu escritos cristãos, aprisionou os sacerdotes cristãos, obrigados a adorarem os deuses pagãos. Aplicou isso a todos os cristãos, e quem se recusasse a fazer seria morto. O Imperador foi apoiado pelos governantes, e, desta forma, estava lançada a sentença dos seguidores de Jesus Cristo, entre eles, a do general Jorge da Capadócia.

JORGE SE FAZ DEFENSOR DOS CRISTÃOS

Analisadas em assembleia, as decisões do César logo foram postas em prática recebendo aprovação e grande elogio dos pagãos. Não houve nenhuma contestação a uma decisão tão perversa. Diante do euforismo de muitos e do silêncio pusilânime de outros, Jorge tomou a palavra e vociferou de forma veemente:

– Majestade, isso é perverso! Tremenda injustiça contra inocentes!

Para grande surpresa dos presentes, Jorge foi calorosamente aclamado. Não se esperava essa atitude de ninguém no meio de tamanha balbúrdia. Discordar do imperador absoluto do império romano era uma ousadia sem tamanho.

Sem temer a ninguém, Jorge foi caminhando por entre as pessoas até o trono do imperador.

– Repito, César. Isso é injustiça contra pessoas inocentes que nada fazem de mal contra a ordem pública.

– Jorge! Como se atreve a contrariar minhas decisões? – perguntou Diocleciano.

– Com todo o respeito por vossa pessoa, o grande César, quero dizer que aqueles que conheceram a Jesus de Nazaré, que é Caminho, Verdade e Vida e é Luz em nossa vida, portanto, não podem retornar à escuridão adorando os vossos deuses pagãos, que são deuses falsos e inexistentes. São deuses mitológicos enquanto Jesus Cristo é Deus real e verdadeiro.

Entristecido, Diocleciano ordenou que Jorge fosse interrogado, ao que ele não se fez de rogado, diante de seu interlocutor.

– Pérfido! Insidioso! Traidor! Diziam os presentes que o insultavam de todas as formas.

Diocleciano, ainda movido por sentimento de amizade, que tinha por Jorge, ordenou que todos ficassem em silêncio. Em seguida, pôs-se a falar:

– Jorge, meu amigo, não posso acreditar que um general tão corajoso de uma nobreza esplêndida como você possa se deixar iludir por uma religião fantasiosa. Bem sabe do respeito, da admiração e amizade que tenho por você, por isso quero preservá-lo de qualquer atitude que o prejudique. Se você prometer publicamente que renuncia a esse Deus dos cristãos e prometer que vai adorar os verdadeiros deuses dos romanos, esquecerei tudo o que aqui hoje aconteceu.

– Não posso! Vossa majestade está mostrando enorme generosidade, mas eu não posso, porque meu Deus é único e verdadeiro. Jamais renegarei Jesus de Nazaré diante dos homens!

Irado e perplexo diante da tamanha audácia de Jorge, ordenou que quatro guardas fossem até ele e o matassem furando-o com suas lanças. Jorge não disse nada, ficou em silêncio e esperou o seu fim com total resignação. Mas um sinal do céu veio de forma prodigiosa. Assim que as quatro pesadas lanças de ferro tocaram seu corpo, entortaram-se na ponta como se fossem feitas de papelão fino. Nenhum mal causou ao valente soldado de Deus. Diocleciano ficou atônito e atemorizado, mas não arredou o pé de seu orgulho.

– Ele deve ter pacto com algum espírito do mal. Isso é um tipo de magia ou sortilégio. Pendam-no! Ordeno que seja acorrentado e posto no calabouço mais escuro. Jorge ficou em silêncio enquanto grossas correntes foram postas sobre seu corpo, fazendo com que não pudesse fazer movimento algum. Dessa forma o conduziram para a prisão.

NA PRISÃO, JORGE VIVE UMA EXPERIÊNCIA DE FÉ

Acorrentado e colocado numa prisão escura, Jorge se entrega à oração. Não sente medo, pelo contrário, seu coração está tranquilo e feliz por ter testemunhado Cristo e defendido seus irmãos na fé.

O imperador ordenou que ele fosse colocado na prisão mais escura sem receber alimento algum e sequer água para beber. Quem sabe se, passando tamanhas privações, mudaria de ideia e decidiria entregar-se à adoração aos deuses do paganismo. Mas Jorge não se abalou com nada disso. Os dias foram passando, e ele não deu nenhum sinal de fraqueza, pelo contrário, mostrava-se mais firme e forte na fé e em suas convicções. O jejum e a oração o fortaleciam, fazendo com que ele vivenciasse uma grande experiência de fé. A confiança em Deus e sua persistência na oração eram maiores do que o seu sofrimento.

Dia após dia, Diocleciano aguardava o momento em que alguns de seus guardas viessem até ele trazendo a notícia de que Jorge fraquejara, que mudara de ideia e que estava disposto a renegar sua fé cristã para adorar os deuses pagãos.

Desanimado por ver que nada acontecia, Diocleciano perdeu a paciência e ordenou que Jorge fosse levado à sua presença. E Jorge foi preso às correntes e colocado à frente do imperador, que iniciou um diálogo difícil com o jovem prisioneiro:

– Jorge, pode crer que nada me agrada fazer isso com você. Não estou agindo assim por rancor, porque ainda o considero um amigo, por isso quero lhe dar mais uma oportunidade. Agora que passou por maus momentos e sabe do poder que tenho quando quero maltratar alguém, peço que renegue esse Deus dos judeus e aceite as verdades dos deuses de Roma.

– Majestade, eu agradeço vossa amizade e apreço que tem por minha pessoa. Também eu não vos quero mal algum, mas jamais renegarei o meu Deus. Ele é o Deus verdadeiro!

– Jorge, em consideração à nossa amizade e ao trabalho que exerceu como um soldado fiel, corajoso e obediente, reconsidero tudo, e você volta a assumir o seu posto de general.

– Mais uma vez eu agradeço vosso empenho, mas as honrarias e as riquezas deste mundo passam, são meras vaidades e não são para sempre. Só Deus é para sempre, e nada pode ser comparado à beleza da vida eterna que Jesus de Nazaré prometeu aos seus seguidores, que lhe forem fiéis. Se vossa majestade conhecesse a Jesus, como eu e os demais cristãos conhecemos, entenderia e iria me dar razão.

Diocleciano perdeu a paciência e bradou em voz alta:

– É um tolo! Como pude acreditar que era inteligente. Tirem esse traidor daqui.

Os guardas seguraram Jorge pelo braço. Diocleciano insistiu mais uma vez:

– Jorge! Pergunto-lhe pela última vez: renega ou não o Deus dos cristãos?

– Não! Jamais faria isso – concluiu Jorge.

– Levem-no para a câmara de torturas, quero ver se lá ele não muda de opinião.

Todos os presentes sentiram um terrível arrepio, pois sabiam o significado de ir para a câmara de torturas.

DEUS SE MANIFESTA

Conduzido à câmara de tortura, Jorge seguiu calado, lá lhe tiraram as correntes, mas por pouco tempo, porque, em seguida, tiraram-lhe as vestes, colocaram-no numa mesa de madeira e lhe prenderam os braços e as pernas. Com luvas de couro cheias de pontas de ferro, começaram a lhe arranhar todo o corpo, causando profundos ferimentos a ponto de seu sangue jorrar. Enquanto sofria dores atrozes, seus lábios se moviam numa oração:

– Senhor Jesus, dai-me força para não fraquejar e suportar essa dor. Suplico que perdoeis aos meus torturadores porque eles não vos conhece. Se conhecessem, não fariam isso. Iluminai e convertei o imperador para que ele não persiga mais vossos filhos. Tirai-os das trevas e mostrai a eles o caminho da Luz.

Enquanto Jorge sofria com seus algozes, Diocleciano dirigiu-se para o templo de Júpiter, acompanhado pelos membros de sua corte. Ao chegar diante da estátua toda ornada de realeza, Diocleciano começou a fazer sua oração pagã em voz alta:

– Grande e poderoso Júpiter, mostrai a todos que não há outro deus mais poderoso do que o deus dos romanos. Provai agora que todos os nossos deuses são verdadeiros. Fazei com que Jorge da Capadócia veja vosso poder e se convença a deixar de adorar o Deus dos cristãos.

No momento em que discursava com ênfase e ardor, um fato misterioso aconteceu na frente de todos os presentes: uma voz em forma de trovão estrondou por entre duas colunas do templo:

– Insensatos, loucos e idólatras! Não perceberam ainda que estão caminhando nas trevas em direção da vossa própria ruína? O Deus dos cristãos é o único e verdadeiro e não há outro. Renegai os falsos deuses pagãos e aceitem a verdade que está no Deus dos cristãos.

Tomados de medo e horror, todos se afastaram, não esperavam aquela manifestação do Deus dos cristãos.

– Isso é feitiçaria! É sortilégio daquele Jorge da Capadócia!

O imperador também ficou assustado e recuou com medo, mas sua ira prevaleceu. Ter de admitir que o Deus dos cristãos é o único e verdadeiro seria para Diocleciano uma derrota e uma grande humilhação.

JESUS VISITA JORGE NA PRISÃO

Após a terrível sessão de tortura, com o corpo sangrando, Jorge foi reconduzido novamente ao calabouço frio e escuro. No momento em que os pagãos ouviram a voz de Deus abalar e estremecer o templo de Júpiter, Jorge viveu uma experiência mística extraordinária: recebeu em sua cela a presença viva e real de Jesus Cristo. Primeiro uma luz se fez ver no canto escuro da cela e foi clareando mais até tornar-se um vulto. Com formas leves, foi se definindo até formar-se a figura de Jesus reluzente, com seu rosto bondoso e pleno de misericórdia.

Emocionado, Jorge caiu de joelhos numa súplice oração:

– Senhor Jesus, eu vos dou infinitas graças por terdes vindo me visitar neste momento em que me encontro ferido, mas firme, sem perder minha fé em vós.

– Meu querido filho! Tem coragem – disse-lhe Jesus. – O reino do céu te espera. Não permitas que a raiva do imperador abale tua fé.

Os soldados ouviram vozes e correram para ver o que sucedia, mas apenas viram Jorge de joelhos, falando com alguém que eles não conseguiam ver. Quando olharam para Jorge, ele não parecia o mesmo, tinha o rosto todo transfigurado, num profundo êxtase, enquanto conversava com Jesus. Os guardas indignados comentavam entre si, presenciando aquela cena:

– Ouçam, o prisioneiro está falando com alguém, mas não há ninguém dentro da cela.

– Será que está delirando? Com quem ele fala?

– Deve estar falando com o seu Deus.

– Ele quer nos confundir! Está simulando algo, como uma comédia.

– Não pode ser! Seu rosto tem um brilho estranho, está transfigurado.

Essa conversa começou a circular de forma rápida. Em pouco tempo, a notícia já estava no ouvido do imperador, transmitida pelos próprios guardas da prisão, lacaios do César.

– Não pode ser verdade! Que me seja trazido aqui o prisioneiro e os guardas, vociferou Diocleciano. – Quero tirar essa história a limpo. Esse Jorge já está me cansando e me dando muito trabalho.

– Majestade, isso é tão verdade que os guardas não duvidaram; após presenciarem a cena, converteram-se ao cristianismo. Falou alguém.

– Era só o que me faltava!

Trouxeram Jorge e os guardas, mas o imperador, quando olhou para eles, tinha no rosto toda a raiva do mundo. Nem bem tinham se aproximado, e o imperador gritou para Jorge:

– Que tipo de feitiço você usou desta vez? Agora até eles estão acreditando na sua religião.

– Isso é muito bom para eles. Saíram das trevas e abraçaram a luz.

– Disseram que ouviram você falando com alguém dentro da cela. Com quem falava?

– Com Jesus de Nazaré, meu Senhor, único e verdadeiro Deus. Tive a honra e o privilégio de receber sua visita.

– Isso é pura mentira, você estava sozinho e preso; não havia como alguém entrar lá.

– Majestade, eu nunca estive só. Sempre estive e estou com Jesus de Nazaré – concluiu Jorge.

Diocleciano notou que os dois guardas estavam ali firmes e valentes na fé e, antes que aquilo contaminasse mais pessoas, não teve dúvidas e gritou:

– Matem esses dois guardas, são inúteis e ainda se deixaram enfeitiçar por Jorge.

Jorge foi em direção dos sois guardas condenados e colocou as mãos sobre a cabeça de ambos, dizendo:

– Eu os abençoo. Não tenham medo. Esta terra que hoje bebe o sangue dos cristãos será um sinal de Deus para muitos outros se converterem.

O APELO DA IMPERATRIZ

Ouviu-se um pequeno alarido e, para surpresa de todos, era a imperatriz quem chegava. Diocleciano ficou surpreso ao ver sua esposa ir até ele naquele momento. Uma dose de comoção tomou conta da voz embargada da soberana:

– Meu esposo, por que toda essa precipitação em decretar sentenças tão violentas e sanguinárias contra esses soldados que sempre lhe foram fiéis?

– Não admito que ninguém interfira nas minhas decisões, bradou energicamente Diocleciano.

Mas a imperatriz não se intimidou:

– Jorge sempre foi seu amigo. Sempre foi honesto e fiel a você.

Diocleciano, olhando para o amigo, sentiu algo que lhe censurava tal decisão. Então teve mais um momento de insistência:

– Jorge, seja sensato, esqueça esse seu Deus e fique do meu lado e com os deuses dos romanos.

– Não posso, senhor! Jamais renunciarei ao meu Deus, único e verdadeiro.

Então Diocleciano perdeu a ternura e foi tomado por um momento de fúria, a ponto de parecer que ia soltar fogo pelos olhos.

– Guardas! Agora, o mais rápido possível, quero que joguem esse homem num poço de cal virgem! E esqueçam-no lá por três dias. Tirem-no da minha frente agora; se ele permanecer mais um instante aqui, sou capaz de matá-lo com minhas próprias mãos.

A imperatriz ficou horrorizada com essa atitude do marido e saiu cabisbaixa para esconder as lágrimas que lhe brotaram dos olhos. Ela sempre reprovou severamente essas atitudes.

Jorge foi levado para um pátio onde havia um fosso de cal virgem. Qualquer pessoa que ali foi posta jamais saiu viva pelas queimaduras abrasivas ocasionadas, em consequência da fermentação da cal. Em silêncio, aceitou que lhe deixassem ali. Não reagiu nem falou nada. Ficou os três dias ali com o corpo todo atolado e, no final desse prazo, vieram retirá-lo, mas ele estava com sua pele intacta, sem nenhum ferimento ou queimadura. A primeira coisa que fez foi cair de joelhos e agradecer:

– Meu Deus! Como vos sou grato! A cal não fez nenhum mal ao meu corpo porque estou sob vossa divina proteção.

Os soldados, testemunhando tal prodígio, começaram a gritar:

– Viva Jorge da Capadócia. Seu Deus é único, verdadeiro e poderoso!

– Viva o cristão Jorge!

Diante desse fato miraculoso, foram muitas as conversões ocorridas nesse dia.

A notícia correu mais rápido do que se esperava e, como raio, caiu no ouvido do imperador que incrédulo encolerizou-se ainda mais. Mandou que calçassem em Jorge as sandálias de ferro em brasa. Colocaram as tais sandálias em seus pés, mas Jorge caminhou livremente e nada atingiu a sua pele. Todos que olhavam aquela cena não conseguiam acreditar no que estavam vendo. O jovem cristão caminhou sorridente e muito seguro de si, dizendo:

– Louvado sejais para sempre, meu Senhor e meu Deus! Não sinto dor alguma em meus pés, pelo contrário, caminho firme e tranquilo; nada pode abalar minha fé em vós.

Rapidamente o imperador foi informado do novo prodígio, mas isso não o comoveu, pelo contrário, ficou mais furioso ainda.

– Isso está se tornando uma tragédia. Roma toda está rindo e zombando da minha pessoa! A cada fato ocorrido com Jorge, aumentam as conversões ao cristianismo. Até a imperatriz se tornou cristã!

– Coloquem esse comediante pândego num caldeirão de óleo fervente. Quero vê-lo frito inteirinho!

DEUS MOSTRA UM NOVO PRODÍGIO

Jorge vive mais uma experiência de fé em sua vida. Por ordem do César, ele foi colocado num caldeirão de óleo fervente, mas nada de mal lhe aconteceu. Apesar da alta temperatura, era como se ele estivesse dentro de uma banheira de água morna se relaxando. Enquanto isso ele louvava e agradecia:

— Meu Deus, como sois grande e poderoso! Obrigado por preservar este vosso humilde servo de mais uma atrocidade. Que este testemunho sirva para atrair ainda mais os seguidores de Cristo.

O povo, vendo aquele prodígio miraculoso, bradava em alta voz:

— Viva o Deus dos cristãos! Viva Jorge!

O imperador, que se sentia objeto de chacota do povo de Roma, esperava que com isso acabasse de vez com essa questão. Mas o efeito foi contrário, o povo, testemunhando tamanho prodígio, converteu-se em massa ao cristianismo e muitos foram batizados.

Novamente a notícia correu aos ouvidos do César, que foi tomado de uma fúria implacável:

– Tragam Jorge até aqui! Que venha já! Tenho de falar-lhe. Isso tem de acabar imediatamente; já não suporto mais ver multidões abandonando nossa crença e correndo atrás do Deus dos cristãos.

Trouxeram Jorge até sua presença.

– Pois fique sabendo, meu caro Jorge, que já me cansei de suas comédias. Isso não pode continuar, temos de acabar com isso agora. Já! Basta um simples gesto seu e lhe concederei todo tipo de honrarias e reataremos nossa amizade.

– Que tipo de gesto me pede?

– Basta que adores publicamente os deuses de Roma, disse o César.

Jorge pensou um pouco e respondeu:

– Concordo em fazer esse gesto, senhor!

Um rumor se instalou entre os presentes causando enorme espanto. E houve quem cochichasse se Jorge haveria de renegar sua fé. Uma decepção para muitos que mal podiam acreditar no que acabaram de ouvir.

Repleto de alegria, o imperador levou Jorge e toda comitiva presente até o templo dos deuses pagãos onde deveria acontecer a tal adoração. Chegando lá, Jorge caiu de joelhos, e, enquanto todos estavam surpresos por sua decisão, ouviram-no gritar bem alto com toda a força de seus pulmões:

– Não adoro deuses pagãos que nem existem. Adoro o único e verdadeiro Deus na Santíssima Trindade: o Pai, o Filho e o Espírito Santo. Clamo, Senhor, que agora, neste momento, vossa glória seja manifestada e que todos possam ver vossa onipotência!

No mesmo instante, ouviu-se um enorme estrondo e uma grossa coluna de fogo, como um raio, desceu do céu, abalando o templo e toda a estrutura de seu alicerce. O templo ruiu e foi todo destruído. O povo assustado corria para fora. Em cima das ruínas e entulhos do templo, o imperador gritava:

– Povo de Roma, Jorge cometeu um sacrilégio! Profanou e destruiu o templo dos nossos deuses. Prometo a vocês que ele vai pagar por isso em praça pública. Será castigado da forma mais terrível possível.

A CONFISSÃO DA IMPERATRIZ

No momento em que o imperador gritava espumando de raiva, foi interrompido pela imperatriz, dona Alexandra, que energicamente o censurou:

— Diocleciano, você não consegue ver que está errado? Está tão desvairado que nem consegue raciocinar. Que prova mais você precisa para reconhecer que o Deus dos cristãos é único e verdadeiro? O que você presenciou no templo foi a maior prova da existência de um único e verdadeiro Deus que os cristãos adoram e seguem. O que aconteceu com o templo pode vir a acontecer com todo o seu império. Sabe de uma coisa? Eu já tomei esse caminho e dele não saio.

E publicamente ela confessou que era cristã. Olhando para a esposa, ele sentenciou:

— Matem essa mulher! Ela também ficou louca. Que sejam mortos todos aqueles que conspirarem contra o império romano.

Para sua grande surpresa e abalo de seu coração, uma jovem correu a seu encontro, dizendo:

– Meu pai! Também deverei morrer como minha mãe, porque também sou cristã. Era sua filha, a princesa Valéria.

Diocleciano, ainda tomado de fúria, condenou as duas, mãe e filha, a serem mortas por decapitação.

Posteriormente, foram canonizadas pela Igreja.

O IMPERADOR SE SENTE ENFRAQUECIDO

O martírio da imperatriz e de sua filha, a princesa Valéria, causou grande desconforto e indignação, abalando profundamente todo o império romano. Diocleciano sentia que estava em alta seu descrédito perante o povo, sendo considerado um tirano em excesso. Além do mais, corria aos quatro ventos sua tentativa frustrada de matar Jorge da Capadócia, sem êxito algum. Mediante os prodígios operados por Deus diante da visão do povo de Roma, a fé de Jorge fortalecia as convicções de muitos pagãos a abraçarem o cristianismo sem titubear. Ele tornara-se uma fortaleza da fé no único e verdadeiro Deus e passaria a ser lembrado para sempre como um símbolo da luta do bem contra o mal.

Amargurado e tomado por uma nova onda de fúria, o imperador ordenou que Jorge fosse submetido a um novo tormento: à bola de metal. A pessoa era colocada dentro dela, com inúmeros objetos pontiagudos. Ao rolar essa bola numa ladeira, esses objetos transformavam a pessoa numa massa de carne e sangue. Quando a população de Roma soube, ficou estarrecida, pois era algo muito cruel por pior que fosse um ser humano. A ordem do imperador foi cumprida. Entretanto, quando dois soldados, na porta, iam introduzir Jorge para dentro da esfera, um novo prodígio divino aconteceu: a esfera sofreu um estrondo e estilhaçou-se inteirinha. Dois anjos libertaram Jorge das mãos dos soldados de forma miraculosa. Foi levado ao palácio diante do imperador, que assustado lhe perguntou:

– O que você veio fazer aqui?

– Não estou aqui por minha vontade própria. Fui trazido por dois emissários do Senhor, meu Deus. Eles me carregaram e me trouxeram até aqui diante de vós, ó César!

– Jorge, você era meu amigo, mas agora já estou cansado de suas feitiçarias. Por sua causa meu império está em decadência e o povo faz chacota e zombaria de mim. O povo já não acredita nos deuses romanos, e o cristianismo aumenta a cada dia. Até minha esposa e minha filha foram sacrificadas por aceitarem essas ideias ridículas e tolas que existem em sua cabeça.

– Acredite, senhor, não são ideias tolas! Agora sua esposa e sua filha estão na glória eterna, vivendo ao lado do Deus, todo-poderoso, concluiu Jorge.

Mas o imperador incrédulo persistia em seu objetivo de destruir o jovem cristão.

– Mas eu sei como matá-lo, vou destruí-lo e, desta vez, não haverei de falhar. Estou farto e cansado dessas suas magias e de seus sortilégios; dessa vez serei implacável, e você não terá como escapar das minhas mãos.

E, chamando os guardas, o imperador ordenou que Jorge fosse submetido a um novo suplício.

JORGE ENFRENTA UM NOVO SUPLÍCIO

Novamente a ordem do imperador se fez cumprir perante a visão do povo de Roma que assistia a uma nova sessão de tortura. Jorge se mostrava sereno, depositando toda sua confiança em Deus. Sabia que seu suplício não seria em vão porque muitos romanos, vendo seu testemunho de fé e coragem, estavam se convertendo ao cristianismo. Diocleciano, no entanto, vivia apreensivo e desesperado, pois não conseguia resolver o problema do general cristão.

Mais uma vez Jorge foi colocado no calabouço, onde ficou aguardando o dia e a hora do seu novo algoz. Nem sequer podia imaginar o que estavam lhe preparando, porém não vacilava e mantinha-se firme na oração.

Chegou o dia, e os guardas foram buscá-lo e o levaram amarrado até a praça, no meio da multidão. Ali lhe arrancaram as vestes e o amarraram a uma coluna de pedra.

Dois carrascos, com chicotes de couro trançado e presos às mãos, começaram a deferir-lhe chicotadas por seu corpo todo, que a cada vergastada em sua pele jorrava sangue abrindo-lhe profundas feridas na carne. Mas Jorge se mantinha calado, sem se queixar de nada, ao invés disso rezava pedindo a Deus que perdoasse àqueles que com tanta raiva o torturavam sem piedade alguma e convertesse-os.

Depois dessa terrível sessão de tortura, os guardas trouxeram dois cavalos para um desfecho final. Naquele estado deplorável em que se encontrava, despido e todo ensanguentado, amarraram Jorge aos dois cavalos para que, em velocidade, pudessem rasgar e estraçalhar seu corpo. Assim foi feito, o próprio povo murmurava que aquela tortura já era demais. Os guardas atiçaram os cavalos a correr, e eles saíram em disparada. Todos comentavam que desta vez Jorge não escaparia da morte. Entretanto outro milagre aconteceu enquanto os cavalos corriam com ele pelas ruas da cidade. Por mais que seguissem em alta disparada, nada acontecia a Jorge. Eles cansaram-se e não houve uma só rua de Roma por onde eles não tivessem passado. Jorge foi desamarrado e caminhou placidamente como se tivesse vindo de um passeio. Seu aspecto era de uma serenidade imensa, com o rosto calmo e com um belo sorriso.

JORGE, POR FIM, ENTRA NA PÁTRIA CELESTE

Mais um fracasso que fez aumentar ainda mais a raiva do imperador. Ele precisava matar Jorge, que se tornou uma ameaça para seu reino. O jovem da Capadócia parecia invencível, e todos passaram a acreditar no seu Deus, enquanto a religião dos pagãos ia perdendo a força e os adeptos. O prestígio do imperador estava em perigo. O general Jorge parecia ser indestrutível. Cansado de tantos fracassos, Diocleciano decidiu, como última tentativa, decapitá-lo. Fazer sua cabeça rolar de vez pelo chão, separada do corpo e encerrar de vez essa história.

Orando fervorosamente em sua cela fria e escura, Jorge recebeu notícias de como seria a sua morte. Como todo ser humano, sentiu medo, afinal até Jesus no horto sentiu pavor pela dor que iria passar em sua paixão. Mas entendeu que havia chegado a hora de ele dar seu último testemunho de fé em Jesus Cristo, seu Deus e Senhor. Mesmo numa situação tão dolorosa, Jorge exultou de alegria por saber que ia receber a coroa do martírio e contemplar a visão beatífica de Deus no Paraíso

No dia seguinte, levaram-no para o local onde deveria ser sacrificado. O povo se aglomerava na praça como para assistir a um grande espetáculo. Um cepo rústico colocado num lugar visível aguardava o pescoço do jovem cristão. Corajoso, valente e firme em sua fé, caminhou sozinho até o cepo, ajoelhou-se e começou a orar em voz alta, pedindo a Deus a conversão do imperador e da cidade de Roma. De repente, levantou-se e, olhando para a imensa população que ali estava, gritou:

– Povo de Roma, nesta minha hora derradeira, eu perdoo aos meus carrascos e ofereço meus sofrimentos em holocausto a Deus para a conversão do império romano.

E, ajoelhando novamente, abaixou a cabeça, colocando o próprio pescoço sobre o cepo, no qual sua cabeça deveria ser decepada.

Inesperadamente, uma claridade sobrenatural apareceu sobre a visão de todos os presentes. Era um anjo enviado por Deus para buscar e fortalecer Jorge naquele momento difícil e crucial. E o Anjo do Senhor se pôs a falar:

– Jorge! É chegada a hora de você entrar no Reino Celeste. Vim para buscá-lo e acompanhá-lo até o trono de Deus!

O povo compreendeu que se tratava de uma manifestação divina do Deus dos cristãos. Então todos caíram de joelhos, implorando a misericórdia. O carrasco ficou com a mão travada e não conseguia desfechar o golpe no pescoço de Jorge. Sua mão tremia, e ele não conseguia fazer nenhum movimento. Contudo outro guarda gritou:

– Não seja tolo! Não permita que a mágica dele enfeitice você!

E, como se tivesse despertado de um terrível pesadelo, o carrasco, num movimento brusco, desfechou um golpe, tirando definitivamente a vida de Jorge da Capadócia, em seus plenos 28 anos de idade, no dia 23 de abril do ano 303. O sangue, que correu de seu pescoço, brilhava no chão de pedras como um sol de fogo. Os guardas assustados correram enquanto o povo gritava:

– Milagre! É um milagre!

Todos os presentes tornaram-se convictos de que Jorge realmente tinha razão: o Deus dos cristãos era mesmo o único e verdadeiro. E foram muitos os que se converteram nesse dia, diante desse fato miraculoso.

LENDAS SOBRE SÃO JORGE

Em consequência da sua vida heroica e sua popularidade, São Jorge não escapou de tornar-se personagem de lendas. Entre tantas, a mais famosa é a de sua luta contra o dragão. Dragões são seres mitológicos criados para personificarem a presença do mal. Soltar fogo pela boca é algo ainda mais criativo que o autor da lenda pode imaginar. Contudo, o relato tem seu lado positivo para nos mostrar as forças do mal, que, às vezes, se fazem presentes no mundo de forma avantajada, mas jamais maiores que o poder de Deus, que pode destruí-las. Nesse caso, vem por meio da pessoa de São Jorge em defesa de seus devotos.

Podemos enumerar os elementos dessa lenda na forma seguinte: o mal atacando os filhos de Deus, a oração unida à intercessão, a resposta de Deus e a vitória. Devemos ver, venerar e invocar São Jorge como um jovem que se converteu ao cristianismo e viveu na integridade sua fé. Sendo rico, despojou-se de seus bens em favor dos pobres e necessitados, abraçando a pobreza evangélica. Descoberta sua identidade de cristão, teve inúmeras oportunidades para renegar sua fé, mas não o fez. Para um oportunista bajulador, que quer dar-se bem na vida, seria uma grande oportunidade, mas São Jorge não se arrefeceu. Em resposta à sua fé inabalável, Deus realizou diversos prodígios, permitindo que muitos pagãos conhecessem Jesus Cristo e se convertessem para o cristianismo. Sua fama de ser um santo forte, que não deixa seus devotos sem resposta, é um fato verídico e incontestável, que ele provou com seu testemunho de vida. Como soldado, militar e general que foi, não podemos desassociá-lo da figura de seu cavalo, que era o meio de transporte daquela época e ainda hoje usado pelas polícias do mundo todo.

Não há só igrejas erigidas em sua honra e cidades das quais é o protetor, também existem muitas cidades com seu nome, inclusive no Brasil.

A LENDA

Contam que, em um reino do Oriente, havia um rei, cujo nome era Sévo. Numa manhã surgiu do meio da floresta um dragão horroroso, que falava, e veio pedir animais para saciar sua fome, caso contrário faria grande mal ao povo. Com o tempo não havia mais cabritos, carneiros, vacas, nada mais. Tudo tinha sido devorado pelo tal dragão, que agora queria comer pessoas, sempre com a ameaça de fazer mal ao povo. Então todos os dias havia um sorteio, e quem saísse era entregue ao apetite voraz do tal dragão. Um dia, porém, no sorteio, saiu a filha do rei Sévo, a princesa Lia, que, por amor a seu povo, resignou-se em servir de alimento para o terrível animal. Seu pai ficou desolado porque era sua única filha. Mas colocara-se em oração pedindo ajuda do céus. No momento em que ia ser entregue ao dragão, surgiu do nada um soldado sobre um cavalo branco empunhando uma lança na mão direita.

A moça o alertou do perigo, mas ele a tranquilizou garantindo que mataria o dragão e poria fim em tudo. Quando o animal viu o soldado, atacou-o, mas a lança de Jorge foi cravada no coração do dragão, que, urrando, morreu na mesma hora.

O povo da cidade, que presenciara tudo de joelhos, erguia os braços para o céu louvando e agradecendo a Deus ter posto fim naquele animal maligno.

A princesa Lia pediu a seu pai que recebesse o jovem general no palácio e oferecesse a ele morada perene entre eles. O rei concordou plenamente em manter entre eles um herói tão valente e fez a ele o convite:

– Valente e corajoso guerreiro, quem sois?

– Sou Jorge da Capadócia!

– Meu jovem, seu nome ficará para sempre gravado em nossas mentes e em nossos corações!

– Não! Não quero que gravem meu nome nos vossos corações. Quero que gravem o nome de Nosso Senhor Jesus Cristo, que me protegeu e me enviou para destruir essa fera.

O rei, exultando de alegria, bradou:

– Mandarei fazer uma enorme festa em sua homenagem.

O povo, que abraçava e cumprimentava a princesa, salva do monstro, nem percebeu quando, da mesma forma que surgiu do nada, São Jorge desapareceu. Mas seu feito ficou lembrado para sempre.

O dragão nos mostra claramente a figura do demônio, sempre tentando derrubar e devorar os filhos de Deus. O rei, a princesa e todos mostram a força que a oração tem. São Jorge representa para nós a resposta de Deus. Que seja ele, o grande mártir São Jorge da Capadócia, santo da Igreja Católica, o nosso grande intercessor no céu diante do trono de Deus.

CONCLUSÃO

A morte de Jorge se deu no ano 303 e foi para Diocleciano um alívio. De grande amigo, Jorge tornara-se para o imperador seu grande objeto de ódio. Não se conformava com os fatos ocorridos que deram a Jorge a fama de invencível. A fé inabalável em Jesus Cristo, o testemunho da intervenção divina e visível na vida de Jorge provocaram milhares de conversões, aumentando ainda mais a ira do imperador. Logo após sua morte, Jorge passou a ser venerado como santo, como guerreiro de Deus, intercessor de todos no céu e símbolo da luta do bem contra o mal. Essa veneração pelo jovem mártir e o aumento imenso de conversões provocaram uma ira ainda maior em Diocleciano, que não conseguia admitir que, mesmo depois de morto, Jorge continuasse a exercer tamanha influência sobre o povo. Por isso não titubeou em desfechar uma violenta perseguição aos cristãos. Foram muitos os que tombaram derramando seu sangue como testemunho de fé em Cristo. Tempos mais tarde o imperador foi tomado de um imenso remorso por tudo o que havia feito a ponto de abdicar o trono e se isolar. Teve compreensão dos erros que cometeu, e sua alma não tinha paz, julgando que em consequência de seus erros jamais alcançaria a salvação.

No ano 312, Constantino, que era governador do lado Ocidental do Império, fez uma invasão ao lado Oriental tornando-se imperador absoluto de todo o império romano, decretando total liberdade religiosa dentro do império. Podemos dizer que essa atitude tenha sido um dos frutos do martírio de Jorge.

Exercendo seu trabalho como militar em Roma junto ao imperador, seu contato com os cristãos nas catacumbas, sua conversão, seu batismo e sua vida cristã, assim como as perseguições, começaram em Roma. Relatos antigos, no entanto, afirmam que seu martírio se deu na cidade de Nicomédia, na Palestina, no ano 285, sendo seus restos mortais posteriormente transferidos pelo imperador Constantino para cidade de Lida em Israel, onde mandou construir uma igreja em sua memória. Na época todas essas cidades e países faziam parte do império romano. O túmulo de São Jorge em Lida é visitado por cristãos do mundo inteiro.

Túmulo de São Jorge em Lista

São Jorge da Capadócia

Representação em vitral da lenda de São Jorge
combatendo o dragão

Outro detalhe do Túmulo de São Jorge em Lista

São Jorge na roda de navalhas

Vitral de São Jorge

II
Devocionário

ANTIGA ORAÇÃO A SÃO JORGE

São Jorge, protetor dos fracos e oprimidos, cuja fé no coração era mais forte do que a armadura e a lança, inspirai-me sempre na luta do bem contra o mal. Ajudai-me a vencer as vicissitudes da vida conduzindo-me sempre ao caminho do bem. Fortalecei minha fé para que contra ela não prevaleçam as forças terríveis do pecado. Dai luz a meu coração para que eu jamais possa ofender o Sagrado Coração de Jesus e o Sagrado Coração de Maria. Ainda vos peço que coloque em meu coração um ardente fogo de amor por Jesus na Eucaristia. São Jorge glorioso, cuja luta lendária contra o dragão é um símbolo da luta do bem vencendo o mal, guiai os meus passos para os caminhos da virtude. Afastai da minha mente os maus pensamentos, protegei meu corpo contra os pecados mortais, ensinai a meus lábios as orações mais puras e mais belas, mostrai-me Jesus por meio da beleza da fé e da força da oração.

São Jorge, grande protetor dos fracos, que resistiu a todos os martírios sem jamais renunciar o Deus único e verdadeiro, dai à minha alma um pouco da grande força que vos conduziu ao céu. Não permitais que meu coração fraqueje e entregue-se ao pecado e às trevas do mal.

Eu vos peço, meu São Jorge, que (*fazer aqui o seu pedido*) e, com as armas, com as quais vencestes o mal, não as lanças e a armadura, mas a fé e a oração, que me protejais sempre, para que eu possa sempre louvar a Deus, Todo--Poderoso. Amém.

(Rezar 1 Pai-nosso, 1 Ave-Maria e 1 Glória)

ORAÇÃO POPULAR A SÃO JORGE

Eu andarei vestido e armado com as *armas de São Jorge* para que meus inimigos, tendo pés, não me alcancem; tendo mãos, não me peguem; tendo olhos, não me vejam; nem em pensamentos eles possam me fazer mal. Armas de fogo o meu corpo não alcançarão; facas e lanças se quebrem sem o meu corpo tocar; cordas e correntes se arrebentem sem o meu corpo amarrar.

Jesus Cristo, proteja-me e defenda-me com o poder de sua santa e divina graça. Virgem de Nazaré, cubra-me com o seu manto sagrado e divino, protegendo-me em todas as minhas dores e aflições. E Deus, com sua divina misericórdia e grande poder, seja meu defensor contra as maldades e perseguições dos meus inimigos.

Glorioso São Jorge, em nome de Deus, estenda-me o seu escudo e as suas poderosas armas, defendendo-me com a sua força e com a sua grandeza, e, debaixo das patas de seu fiel ginete, meus inimigos fiquem humildes e submissos a você. Assim seja com o poder de Deus, de Jesus e da falange do Divino Espírito Santo. São Jorge, rogue por nós. Amém.

LADAINHA DE SÃO JORGE

Senhor, tende piedade de nós.

Cristo, tende piedade de nós.

Senhor, tende piedade de nós.

Cristo, ouvi-nos.

Cristo, atendei-nos.

Deus Pai do céu.

– Tende piedade de nós.

Deus Filho, redentor do mundo.

– Tende piedade de nós.

Deus Espírito Santo.

– Tende piedade de nós.

Santíssima Trindade, que sois um só Deus.

– Tende piedade de nós.

Santa Maria, Rainha dos Mártires.

– Rogai por nós.

Santa Mãe de Deus.

– Rogai por nós.

Santa Virgem, que concebeu o Senhor Jesus.

– Rogai por nós

São Jorge, que do Senhor recebestes a coroa da justiça.

– Rogai por nós.

São Jorge, patrono da juventude.

– Rogai por nós.

São Jorge, guardião dos soldados.

– Rogai por nós.

São Jorge, esperança dos encarcerados.

– Rogai por nós.

São Jorge, mártir fiel da fé.

– Rogai por nós.

São Jorge, patrono dos militares.

– Rogai por nós.

São Jorge, fiel seguidor de Cristo.

– Rogai por nós.

São Jorge, fiel a Cristo até a morte.

– Rogai por nós.

São Jorge, invencível defensor da fé.

– Rogai por nós.

São Jorge, que, renunciando ao mundo, ganhastes a Cristo.

– Rogai por nós.

São Jorge, que pela espada entregastes a Cristo o vosso sangue.

– Rogai por nós.

São Jorge, libertador dos cativos.

– Rogai por nós.

São Jorge, em Cristo é alívio dos doentes.

– Rogai por nós.

São Jorge, em Cristo é consolo dos aflitos.

– Rogai por nós.

São Jorge, apoio fidelíssimo de todos os congregados.

– Rogai por nós.

São Jorge, dos congregados exemplar mestre na fé.

– Rogai por nós.

São Jorge, em Cristo é destruidor das vibrações malignas.

– Rogai por nós.

São Jorge, em Cristo é a vitória contra todos os malefícios

– Rogai por nós.

São Jorge, em Cristo é neutralizador de toda magia.

– Rogai por nós.

São Jorge, em Cristo vencedor de toda contenda do maligno.

– Rogai por nós.

São Jorge, que elevai ao Senhor as nossas preces.

– Rogai por nós.

São Jorge, que pisai e esmagai as maldades dos nossos inimigos.

– Rogai por nós.

São Jorge, nosso escudo e protetor.

– Rogai por nós.

São Jorge, nossa força contra os articuladores do mal.

– Rogai por nós.

São Jorge, sede nossa vitória contra nossos oponentes.

– Rogai por nós.

São Jorge, nosso socorro nas horas difíceis.

– Rogai por nós.

São Jorge, radiante luzeiro dos espíritos bem-aventurados.

– Rogai por nós.

São Jorge, auxílio nos negócios de rapidez e brevidade.

– Rogai por nós.

São Jorge, sede nosso auxílio urgente.

– Rogai por nós.

São Jorge, fonte de fé e de esperança.

– Rogai por nós.

São Jorge, mediador dos processos urgentes.

– Rogai por nós.

São Jorge, nosso glorioso padroeiro.

– Rogai por nós.

Cordeiro de Deus, que tirais os pecados do mundo.

– Perdoai-nos, Senhor.

Cordeiro de Deus, que tirais os pecados do mundo.

– Ouvi-nos, Senhor.

Cordeiro de Deus, que tirais os pecados do mundo.

– Tende piedade de nós.

Rogai por nós, glorioso São Jorge, valoroso guerreiro de Deus, para que sejamos livres das maldades.

Oremos

Senhor, Deus Onipotente, que enriquecestes São Jorge de fé, coragem e perseverança, numa vitória constante contra o mal, permiti que também nós gozemos da proteção e da perene intercessão de São Jorge, sejamos sempre livres de todas as insídias do mal e um dia participemos das bem-aventuranças eternas. Amém.

NOVENA A SÃO JORGE

1⁰ dia
São Jorge, um homem de fé

"Ora, a vida eterna consiste em que conheçam a ti, um só Deus verdadeiro, e a Jesus Cristo que enviaste" (Jo 17,3). "Eis o seu mandamento: que creiamos no nome de seu filho Jesus Cristo e nos amemos uns aos outros, como ele mandou. Quem observa os seus mandamentos permanece em (Deus) e (Deus) nele. E nisto que reconhecemos que ele permanece em nós: pelo Espírito que nos deu" (1Jo 3,23-24).

Reflexão
Deus como Pai em sua infinita misericórdia dá o dom da Fé a todos, para que ela seja cultivada no coração de cada

um de seus filhos. O povo hebreu do Antigo Testamento testemunhou sua fé por meio da fidelidade a Javé, Deus único, apesar de serem constantemente tentados e até incentivados a prestarem culto aos inúmeros deuses pagãos cultuados pelos egípcios. Para nós cristãos, o Novo Testamento centraliza a pessoa de Nosso Senhor Jesus Cristo em nossa fé, filho de Deus, enviado do Pai a este mundo para anunciar a Boa-Nova e salvar a humanidade. Temos de admitir que nos dias de hoje os "deuses pagãos" mudaram de nome. Há uma trilogia perversa: o Ter, o Poder e o Prazer. Muita gente adora o dinheiro com tanta ambição que, além de cometer crimes sociais contra o povo, às vezes, é capaz até de matar. O poder chega a cegar os incautos, que, sentindo-se reis, cometem equívocos parvos. O prazer exagerado, por sua vez, matou o amor verdadeiro, causando muitos sofrimentos. E não são poucos os que chegam a criar "deuses mitológicos", que satisfaçam sua ganância, sua corrupção e lascividade. Tudo isso vem revestido da injustiça e da maldade. Muitos praticam sua lascividade egoísta, sem escrúpulo algum, em nome da naturalidade. Convicto em sua fé, São Jorge encontrou em Jesus Cristo o amor verdadeiro e, desde criança, dedicou-se a muito amá-lo, preservando-se de tudo que iria ser contrário a esse amor. Quando nossa fé estremecer e viermos a nos sentir tristes e desanimados, peçamos a ajuda de São Jorge. Nos momentos difíceis, quando tudo parecer perdido e impossível, peçamos a força poderosa de São Jorge.

Oração

Glorioso mártir São Jorge, valente guerreiro de Cristo, que combatestes o dragão, símbolo do "Anjo do Mal", ouvi meu rogo; como intercessor levai meu pedido e minhas orações até o trono de Deus, Único e sumamente poderoso. Com plena confiança nos privilégios que tendes, confiante em vossa poderosa intercessão, eu vos suplico, glorioso São Jorge, implorando vossa proteção. Sede meu companheiro na estrada de minha vida e destruí as pedras para não ferirem meus pés nesta caminhada. Neste momento em que tanto preciso de vós, vinde meu auxílio *(faça agora o seu pedido)*. Fortalecei minha fé, minha coragem e ajudai-me neste momento de aflição, em que a vós recorro. Com o poder de Deus, o Divino Pai Eterno, de Nosso Senhor Jesus Cristo e do Divino Espírito Santo Paráclito. Amém!

– Glorioso São Jorge! Rogai por nós!

Pai nosso... Ave, Maria... Glória ao Pai...

 ## 2^0 dia
São Jorge seguidor de Jesus Cristo

"Filho, pecaste? Não o faças mais. Mas ora pelas faltas passadas, para que te sejam perdoadas" (Eclo 21,1).

Reflexão

Pelos ensinamentos que recebera de seus pais, que eram cristãos piedosos, São Jorge ainda menino conheceu a Jesus e, desde então, nutriu por Ele grande amor, vivendo sempre fiel aos seus ensinamentos. Desde sua tenra infância até a juventude, foi uma pessoa orante. Todo dia dedicava um momento para orar e, assim, de manter um colóquio filial com Deus. Sempre viveu feliz e em paz. Apesar de ter nascido em um lar abastado, as vaidades do mundo, os vícios e a sedução ao pecado, os impulsos da violência e as palavras fúteis e atitudes desonestas nunca seduziram seu espírito. Ser mau, desonesto e falso pode ser algo mais fácil, mas traz um tormento insuportável à alma. São Jorge teve muitos momentos difíceis em sua vida de tristeza e dissabor, mas que fizeram dele um homem mais forte e convicto em sua fé, porque sempre foi fiel a Jesus. Em sua vida de militar, tornou-se um soldado valente e corajoso, prudente e firme em suas decisões, mesmo que isso viesse a custar-lhe a própria vida. São Jorge, diariamente em suas orações, colocava-se inteiramente nas mãos de Deus; era guiado pela luz e pela força do Espírito Santo. Quem é bom, quem faz opção pelo bem, pela justiça e pela verdade torna-se um anjo ainda na terra. E foi observando seu bom exemplo, sua integridade e sua santidade que muitos pagãos se converteram ao cristianismo. Muitos desses convertidos tornaram-se mártires corajosos, derramando seu sangue por Jesus Cristo, e santos. Até hoje São Jorge continua sendo exemplo de mudança de vida, transformando os corações de muitos. Seu imenso desejo é que seus devotos imitem seus exemplos como um cristão fiel a Jesus Cristo e ao seu Evangelho. Como devoto, peça a São Jorge que o ajude a ser uma alma coerente e fiel a Deus. Peça a ele que seja companheiro na estrada de sua vida, animando-lhe com sua proteção e intercessão. As coisas do mundo passam, acabam, mas o amor misericordioso de Deus é eterno e permanece. Nunca passa.

Oração

Glorioso mártir São Jorge, valente guerreiro de Cristo, que combatestes o dragão, símbolo do "Anjo do Mal", ouvi meu rogo; como intercessor levai meu pedido e minhas orações até o trono de Deus, Único e sumamente poderoso. Com plena confiança nos privilégios que tendes, confiante em vossa poderosa intercessão, eu vos suplico, glorioso São Jorge, implorando vossa proteção. Sede meu companheiro na estrada de minha vida e destruí as pedras para não ferirem meus pés nesta caminhada. Neste momento em que tanto preciso de vós, vinde em meu auxílio *(faça agora o seu pedido)*. Fortalecei minha fé, minha coragem e ajudai-me neste momento de aflição, em que a vós recorro. Com o poder de Deus, o Divino Pai Eterno, de Nosso Senhor Jesus Cristo e do Divino Espírito Santo Paráclito. Amém!

– Glorioso São Jorge! Rogai por nós!

Pai nosso... Ave, Maria... Glória ao Pai...

3⁰ dia
São Jorge escolhe o caminho de Deus

"Digo, pois: deixai-nos guiar pelo Espírito, e não satisfareis aos apetites da carne. Porque os desejos da carne se opõem aos do Espírito, este aos da carne; pois são contrários uns aos outros. É por isso que fazeis o que não quereríeis" (Gl 5,16-17).

Reflexão

A conversão exige uma total mudança de vida. Para quem conheceu a verdade por meio do Evangelho, as coisas mundanas já não exercem tanto fascínio. Não se pode de forma alguma ignorar as proezas do Maligno em querer derrubar quem fez opção por Jesus Cristo. Existem dois caminhos na vida, e temos de optar por um. Quem faz opção pela vida mundana se sujeita a viver na falcatrua, lesando, roubando e enganando o próximo. Acumular bens de forma ilícita é pecado grave porque se trata de uma riqueza injusta e desonesta. Essa riqueza é perversa, pois promove todo tipo de pecado: a exploração do trabalho escravo, salários injustos e a depravação. A esperteza de explorar o povo é a ruína e a perdição de muitos. Junto a isso vem a impureza da alma e do corpo, pois facilita tudo para o mal. Muitos com o poder nas mãos começam a se sentir poderosos, imperadores absolutistas, achando que tudo podem oprimir e cometer injustiças atrozes contra o próximo. O poder do mundo é temporário, equivoca-se que é para sempre. Mas isso traz grande tribulação, porque quem anda em caminho errado jamais encontra a paz nem consegue ser feliz. A esse respeito nos diz São Paulo Apóstolo: "Ora, as obras da carne são estas: fornicação, impureza, libertinagem, idolatria, superstição, inimizades, brigas, ciúmes, ódio, ambição, discórdia, partidos, invejas, bebedeiras, orgias e outras coisas semelhantes. Dessas coisas vos previno, como já vos preveni: os que as praticam não herdarão o Reino de Deus" (Gl 5, 19-21). São Jorge, mesmo vivendo em um mundo pagão com toda atração mundana, permaneceu firme em sua fé e em seus objetivos. Fez a escolha certa, mesmo enfrentando as terríveis perseguições do imperador Diocleciano. Nada o abalou, pois estava sustentado pela força do Espírito Santo. Assim como em vida arrebanhou muitas pessoas para o redil do Bom Pastor, São Jorge, hoje no céu, como nosso intercessor, nada mais deseja do que todos sigam Jesus Cristo por meio do Evangelho. Peçamos a São Jorge que nos ajude a sermos fiéis a Cristo, assíduos na oração e firmes no propósito de uma vida de santidade.

Oração

Glorioso mártir São Jorge, valente guerreiro de Cristo, que combatestes o dragão, símbolo do "Anjo do Mal", ouvi meu rogo; como intercessor levai meu pedido e minhas orações até o trono de Deus, Único e sumamente poderoso. Com plena confiança nos privilégios que tendes, confiante em vossa poderosa intercessão, eu vos suplico, glorioso São Jorge, implorando vossa proteção. Sede meu companheiro na estrada de minha vida e destruí as pedras para não ferirem meus pés nesta caminhada. Neste momento, em que tanto preciso de vós, vinde em meu auxílio *(faça agora o seu pedido)*. Fortalecei minha fé, minha coragem e ajudai-me neste momento de aflição, em que a vós recorro. Com o poder de Deus, o Divino Pai Eterno, de Nosso Senhor Jesus Cristo e do Divino Espírito Santo Paráclito. Amém!

– Glorioso São Jorge! Rogai por nós!

– *Pai nosso... Ave, Maria... Glória ao Pai...*

 # 4⁰ dia
São Jorge mostra fortaleza contra todas as provas do mal

"Ninguém, quando for tentado, diga: 'É Deus que me tenta!' Deus é inacessível ao mal e não tenta ninguém. Cada um é tentado por sua própria concupiscência, que o atrai e alicia. A concupiscência, depois de conceber, dá à luz o pecado; e o pecado, uma vez consumado, gera a morte" (Tg 1,13-15).

Reflexão

Muitas vezes, quando uma pessoa está passando por uma prova difícil, costuma se resignar ou mesmo se acomodar, dando uma desculpa de que foi Deus que lhe impôs aquela prova difícil. Não é bem assim. Deus, em seu infinito amor misericordioso, jamais nos colocaria em situações complicadas. Ele nos mostra esse amor de Pai na parábola do Filho Pródigo (Lc 15,11-32). Se nos damos mal, devemos isso a nossas próprias escolhas, que nem sempre são bem feitas. Deus não tem culpa se, às vezes, dirigimos nossa vida na contramão. E, a cada momento que vivemos, estamos sujeitos a tentações ou provações. É nessa hora que devemos saber fazer as nossas escolhas optando, com discernimento, pelo que é certo. Um cristão autêntico é uma pessoa de oração, que, sempre ao tomar decisão difícil, ora e invoca a ação do Espírito Santo em sua vida. Procura também evitar toda ação duvidosa que pode culminar no mal e, funestamente, no pecado, que o humilha como cristão filho de Deus Pai. Só pecamos se damos consentimento ao pecado. Sempre devemos procurar o bom caminho. Se dermos oportunidade ao pecado, achando que é tudo natural, com o tempo seremos dominados por ele, como seu escravo. São Jorge foi tentado inúmeras vezes a se render às ofertas do imperador de se tornar rico, ter honras e privilégios e em troca adorar os deuses pagãos. Mas ele não deixou se seduzir e resistiu a tudo. Sua fé e seu amor por Cristo estavam acima de qualquer sedução terrena. São Jorge, sempre guiado pelo Espírito Santo, é para nós grande exemplo de fidelidade a Deus e nos deixou como herança o testemunho de sua fé. Nunca deixemos para amanhã o que podemos fazer hoje, ouçamos a voz de Deus em nosso coração. Evitemos o ódio, a raiva e as contendas contra os outros e busquemos o perdão de Deus no sacramento da confissão, vivendo uma vida fraterna. Com certeza, São Jorge muitas vezes rezou o Pai-nosso com fé, frisando bem seu pedido de jamais cair em tentação.

Oração

Glorioso mártir São Jorge, valente guerreiro de Cristo, que combatestes o dragão, símbolo do "Anjo do Mal", ouvi meu rogo; como intercessor levai meu pedido e minhas orações até o trono de Deus, Único e sumamente poderoso. Com plena confiança nos privilégios que tendes, confiante em vossa poderosa intercessão, eu vos suplico, glorioso São Jorge, implorando vossa proteção. Sede meu companheiro na estrada de minha vida e destruí as pedras para não ferirem meus pés nesta caminhada. Neste momento em que tanto preciso de vós, vinde em meu auxílio *(faça agora o seu pedido)*. Fortalecei minha fé, minha coragem e ajudai-me neste momento de aflição, em que a vós recorro. Com o poder de Deus, o Divino Pai Eterno, de Nosso Senhor Jesus Cristo e do Divino Espírito Santo Paráclito. Amém!

– Glorioso São Jorge! Rogai por nós!

– Pai nosso... Ave, Maria... Glória ao Pai...

5⁰ dia
São Jorge discípulo fiel de Cristo

"Disse Jesus aos seus discípulos: 'Se alguém quer vir comigo, renuncie a si mesmo, tome sua cruz e me siga. Porque aquele que quiser salvar sua vida, vai perdê-la; mas quem perde sua vida por causa de mim vai salvá-la. Que servirá a um homem ganhar o mundo inteiro, mas se vem a prejudicar sua vida?'" (Mt 16,24-26).

Reflexão

São Jorge foi fiel a Jesus até o fim de sua vida terrena, não se importando em sofrer os piores algozes que culminaram com seu martírio. São Jorge bem entendeu a mensagem de Jesus no Evangelho: "Se alguém quer vir após mim, negue-se a si mesmo, tome a sua cruz, e siga-me; pois, quem quiser salvar a sua vida perdê-la-á; mas quem perder a sua vida por amor de mim, achá-la-á". (Mt 16,24-25). São Jorge seguiu o Evangelho na íntegra e carregou sua cruz com Cristo. Um seguidor de Jesus jamais se afasta dele; está sempre ao seu lado para o que der e vier. Isso significa não perder a fé, nunca, e confiar em Jesus a todo o momento. São Jorge, ao optar por seguir o caminho da cruz, sabia as dificuldades que iria enfrentar, mas não vacilou. Quando vierem o relaxamento espiritual e o desânimo de rezar, de ir à missa e de praticar obras de caridade, lembremo-nos do jeito desacomodado de São Jorge, que, fora da hora de serviço, estava sempre entre os pobres, praticando caridade, ou nas catacumbas, participando da Santa Missa e de outras atividades religiosas. Ser discípulo de Jesus é estar a serviço do Divino Mestre o tempo todo, seja por atividades ou pelo testemunho de vida. Colocarmos-nos a serviço de nossa Igreja, de nossa comunidade é estar seguindo Jesus. Esse foi o belo exemplo que São Jorge nos deixou. É também a ordem de Nossa Senhora nas "Bodas de Caná" para o seguimento de Jesus: "Fazei tudo o que Ele vos disser" (Jo 2,5).

Oração

Glorioso mártir São Jorge, valente guerreiro de Cristo, que combatestes o dragão, símbolo do "Anjo do Mal", ouvi meu rogo; como intercessor levai meu pedido e minhas orações até o trono de Deus, Único e sumamente poderoso. Com plena confiança nos privilégios que tendes, confiante em vossa poderosa intercessão, eu vos suplico, glorioso São Jorge, implorando vossa proteção. Sede meu companheiro na estrada de minha vida e destruí as pedras para não ferirem meus pés nesta caminhada. Neste momento em que tanto preciso de vós, vinde em meu auxílio *(faça agora o seu pedido)*. Fortalecei minha fé, minha coragem e ajudai-me neste momento de aflição, em que a vós recorro. Com o poder de Deus, o Divino Pai Eterno, de Nosso Senhor Jesus Cristo e do Divino Espírito Santo Paráclito. Amém!

– Glorioso São Jorge! Rogai por nós!

– Pai nosso... Ave, Maria... Glória ao Pai...

# 6⁰ dia
São Jorge testemunha sua fé

"Portanto, quem der testemunho de mim diante dos homens também eu darei testemunho dele diante de meu Pai, que está nos céus. Aquele, porém, que me negar diante dos homens também eu o negarei diante de meu Pai, que está nos céus" (Mt 10,32-33).

"Não te envergonhes, portanto, do testemunho de nosso Senhor, nem de mim, seu prisioneiro, mas sofre comigo pelo Evangelho, fortificado pelo amor de Deus" (2Tm 1,8).

Reflexão

Na época em que São Jorge viveu, havia uma perseguição incansável do imperador Diocleciano contra os cristãos e uma luta imensa para extirpar do império romano a Igreja de Jesus Cristo. Por isso, os cristãos foram obrigados a se reunirem em cavernas subterrâneas, as quais chamavam de catacumbas, para poderem rezar, serem catequizados e participarem da Santa Missa. Tinham de fazer isso para não serem pegos e mortos. Embaixo do terreno, igual a uma semente que germinava para sair terra, a Igreja de Jesus Cristo se preparava, no mesmo solo romano, para explodir em sua realeza para o mundo, como vemos hoje: o Vaticano é a sede da Igreja para o mundo todo. E lá no seio da terra, oculto, participando da celebração da Santa Missa, estava o jovem Jorge. Era Jesus que ele recebia na sagrada comunhão, quem o alimentava espiritualmente e lhe dava força e vigor para testemunhar sua fé e não ter medo de nada. Se tivesse feito o desejo do imperador de adorar os deuses pagãos, que nem existiam, teria todo o privilégio dentro do reino, desfrutando da amizade e da confiança do imperador. Nada disso fez São Jorge mudar de opinião, continuou firme testemunhando Jesus Cristo diante de todos. A esposa e a filha de Diocleciano se converteram ao cristianismo e também morreram mártires. Sem nenhuma sombra de dúvida, foi o exemplo de fé de São Jorge que as resgatou para a fé cristã. Peçamos a São Jorge que interceda a Deus por nós e que ele nos ajude a termos uma fé forte e inabalável, para sempre testemunharmos nossa confiança em Jesus Cristo, nosso Deus e Senhor.

Oração

Glorioso mártir São Jorge, valente guerreiro de Cristo, que combatestes o dragão símbolo do "Anjo do Mal", ouvi meu rogo; como intercessor levai meu pedido e minhas orações até o trono de Deus, Único e sumamente poderoso. Com plena confiança nos privilégios que tendes, confiante em vossa poderosa intercessão, eu vos suplico, glorioso São Jorge, implorando vossa proteção. Sede meu companheiro na estrada de minha vida e destruí as pedras para não ferirem meus pés nesta caminhada. Neste momento em que tanto preciso de vós, vinde em meu auxílio *(faça agora o seu pedido)*. Fortalecei minha fé, minha coragem e ajudai-me neste momento de aflição, em que a vós recorro. Com o poder de Deus, o Divino Pai Eterno, de Nosso Senhor Jesus Cristo e do Divino Espírito Santo Paráclito. Amém!

– Glorioso São Jorge! Rogai por nós!

– Pai nosso... Ave, Maria... Glória ao Pai...

7⁰ dia
São Jorge e sua fidelidade a Deus

"Por isso, é necessário que permaneçais fundados e firmes na fé, inabaláveis na esperança do Evangelho que ouvistes, que foi pregado a toda criatura que há debaixo do céu, e do qual eu, Paulo, fui constituído ministro" (Cl 1,23). "Guardai-vos dos falsos profetas. Eles vêm a vós disfarçados de ovelhas, mas por dentro são lobos arrebatadores" (Mt 7,15).

Reflexão

São Jorge provou, em sua vida, o sabor amargo das duras provações recebidas, inclusive de seus companheiros de farda, que costumavam humilhá-lo pelo fato de ele ser cristão. Entretanto uma pessoa de caráter não se deixa intimidar nem fraquejar, ao contrário, mostra-se fiel a seus objetivos e a tudo aquilo em que ele acredita. Muitos santos nos legaram exemplos de obediência e fidelidade, mas, sem dúvida alguma, podemos realizar profunda contemplação no exemplo de Nossa Senhora, que, em seus plenos quinze anos de idade, recebeu o convite de Deus para ser mãe de seu filho. Uma empreitada grande, porém difícil, que mudaria sua vida para sempre e o rumo da história da humanidade. Ela não vacilou e aceitou. Essa aceitação foi por amor e por obediência a Deus. Toda a vida de Nossa Senhora está pautada pela obediência a Deus. A desobediência gera o caos, confusão total. Toda pessoa obediente mostra ser inteligente. Vemos no Antigo Testamento que os patriarcas e profetas sempre deram exemplo de obediência a Deus, confiando cegamente em suas ordens. Quem é obediente é fiel mesmo nas pequenas coisas. São Jorge guardou sua fé pela vida toda como um tesouro precioso, depositando na pessoa de Jesus Cristo toda a sua confiança de discípulo. Aquela época difícil de perseguição produziu muitos santos mártires, cuja coragem e determinação ecoam até hoje no seio da igreja Católica, como exemplo a ser imitado e seguido. A oração é a vitamina que nos fortalece para nos mantermos firmes na perseverança. Só amamos o que conhecemos, por isso precisamos buscar Deus dentro da Sagrada Escritura. O profeta Isaías dizia que Deus é um Deus escondido (Is 45,15). Mas Deus é mesmo incrível, pois quanto mais o procuramos mais se revela a nós. E é na pessoa do pobre e necessitado que mais se revela a nós. E foi exatamente isto que fez São Jorge: repetiu e distribuiu seus bens entre os necessitados. Quanto mais ele buscou conhecer e amar a Deus, Deus se revelou a ele. Peçamos a São Jorge que nos ajude a sermos fiéis a Deus como ele o foi.

Oração

Glorioso mártir São Jorge, valente guerreiro de Cristo, que combatestes o dragão, símbolo do "Anjo do Mal", ouvi meu rogo; como intercessor levai meu pedido e minhas orações até o trono de Deus, Único e sumamente poderoso. Com plena confiança nos privilégios que tendes, confiante em vossa poderosa intercessão, eu vos suplico, glorioso São Jorge, implorando vossa proteção. Sede meu companheiro na estrada de minha vida e destruí as pedras para não ferirem meus pés nesta caminhada. Neste momento, em que tanto preciso de vós, vinde em meu auxílio *(faça agora o seu pedido)*. Fortalecei minha fé, minha coragem e ajudai-me neste momento de aflição, em que a vós recorro. Com o poder de Deus, o Divino Pai Eterno, de Nosso Senhor Jesus Cristo e do Divino Espírito Santo Paráclito. Amém!

– Glorioso São Jorge! Rogai por nós!

– Pai nosso... Ave, Maria... Glória ao Pai...

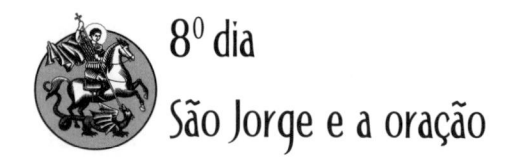

8⁰ dia
São Jorge e a oração

"Não vos inquieteis com nada! Em todas as circunstâncias apresentai a Deus as vossas preocupações mediante a oração, as súplicas e a ação de graças" (Fl 4,6). "Acima de tudo recomendo que se façam preces, orações, súplicas e ações de graça. Quero, pois, que os homens orem em todo lugar, levantando as mãos puras, superando todo ódio e ressentimento" (1Tm 2,1.8).

Reflexão

Quando ficamos sem alimentar nosso corpo com bons alimentos, acabamos nos enfraquecendo e até adoecendo. O alimento é o combustível do corpo, assim como a oração é o combustível da alma. Portanto, a oração é tão importante que não devemos, nenhum só dia, ficar sem ela. Quem não reza fica fraco, e qualquer coisa pode derrubá-lo. E, quando o mal vê alguém que não reza, é para ele uma ótima ocasião de derrubá-lo pelo pecado. São Jorge, durante sua existência, mostrou-nos o valor da oração e o quanto devemos ser assíduos nela. Nos dois textos acima, retirados das epístolas de São Paulo Apóstolo, vemos o quanto é necessário rezar. Quando rezamos, colocamo-nos em sintonia com Deus: nós falamos, e Ele nos ouve. Nenhuma oração fica sem ser ouvida por Deus. Pela oração, ajudamos a sufragar as almas do Purgatório e garantimos nossa própria salvação. Santo Afonso Maria de Ligório nos deixou uma regra de ouro, que serve para todo cristão: "Quem reza se salva, quem não reza se condena". A oração do Pai-Nosso é imprescindível em nosso dia a dia; foi ensinada pelo próprio Jesus a seus discípulos. Todas as vezes que o rezamos, estamos repetindo cada palavra que saiu dos lábios do Redentor. Nossa assiduidade à oração nos faz forte diante de Deus. Se não rezamos, ficamos fracos diante do demônio e nos tornamos presas fáceis para ele. Nossa Senhora, em suas aparições a Fátima, Portugal, afirma: "Eu sou a Senhora do Rosário". E, por meio dos pastorinhos, pede que toda a Igreja reze diariamente o seu Rosário. Um católico que ama Maria como mãe não passa um só dia sem rezar ao menos o terço e o carrega consigo no bolso. Dessa forma, mostra ao demônio a quem ele pertence: à Mãe de Deus. Quem reza, por si só, transforma-se, porque diariamente se coloca em sintonia e intimidade com Deus. Devemos também rezar pelos outros, pois é uma forma de caridade. E quem está sempre próximo de Deus torna-se santo. São Jorge foi um jovem orante e, por meio da oração, manteve-se íntegro diante dos olhos de Deus para vencer as tentações interiores e todas as seduções que o mundo lhe ofereceu. Peçamos a São Jorge que nos ajude a seguir seu exemplo e que nada possa atrapalhar nosso diálogo de filhos com o Pai Eterno.

Oração

Glorioso mártir São Jorge, valente guerreiro de Cristo, que combatestes o dragão, símbolo do "Anjo do Mal", ouvi meu rogo; como intercessor levai meu pedido e minhas orações até o trono de Deus, Único e sumamente poderoso. Com plena confiança nos privilégios que tendes, confiante em vossa poderosa intercessão, eu vos suplico, glorioso São Jorge, implorando vossa proteção. Sede meu companheiro na estrada de minha vida e destruí as pedras para não ferirem meus pés nesta caminhada. Neste momento em que tanto preciso de vós, vinde em meu auxílio *(faça agora o seu pedido)*. Fortalecei minha fé, minha coragem e ajudai-me neste momento de aflição, em que a vós recorro. Com o poder de Deus, o Divino Pai Eterno, de Nosso Senhor Jesus Cristo e do Divino Espírito Santo Paráclito. Amém!

– Glorioso São Jorge! Rogai por nós!

– Pai nosso... Ave, Maria... Glória ao Pai...

9⁰ dia
São Jorge, homem de coração generoso

"Nada trouxemos a este mundo e nada dele podemos levar. Aqueles que querem juntar riquezas caem na tentação, na armadilha, numa multidão de desejos insensatos e funestos, que mergulham os homens na ruína e na perdição. A raiz de todo o mal é o amor ao dinheiro. Por se terem entregado a ele, alguns se afastaram para longe da fé e transpassaram sua alma de tormentos sem-fim" (1Tm 6,7-10).

Reflexão

São Jorge não deixa nenhum de seus devotos sem resposta, quando a ele recorrem com confiança, na certeza de que ele intercederá por eles, diante do trono de Deus. Por isso a legião de amigos de São Jorge é imensa. A vida do santo da Capadócia nos remete a sérias reflexões em relação a sua vida e a nosso modo de viver. Não podemos ser uma coisa e aparentar outra. São Jorge nos mostrou o quanto vale sermos autênticos e firmes em nossos propósitos. Não foi fácil para ele atingir seu alto grau de santidade mediante tantos obstáculos em sua caminhada, mas ele foi permeando dia a dia sua evolução espiritual. São Jorge foi um ser humano como nós, mas nos deu o exemplo: se ele conseguiu ser santo, nós também podemos. Lembremo-nos do quanto São Jorge foi fiel na lei da caridade, não só se desfez dos bens que seu pai lhe deixou como herança, como supriu os necessitados com a maior parte de seu salário de militar. Tinha um coração misericordioso, compadecia-se com as misérias alheias. Ele viveu sua fé dando forte testemunho de vida. O exemplo tem mais consistência e veracidade do que as palavras vagas. Um devoto que quer agradecer a São Jorge sua intercessão pratique um ato de caridade com seu próximo; isso deixará o santo muito feliz. São Jorge levou a sério as palavras de São Tiago em sua epístola: "Assim também a fé se não tiver obras é morta em si mesma" (Tg 2,17). Tenhamos sempre conosco, em nosso dia a dia, o exemplo da vivência evangélica de São Jorge: a oração diária, o amor a Deus, obediência à Igreja e a prática da caridade com o próximo. Esta é a forma mais salutar para agradecer a São Jorge como seus devotos.

Oração

Glorioso mártir São Jorge, valente guerreiro de Cristo, que combatestes o dragão, símbolo do "Anjo do Mal", ouvi meu rogo; como intercessor levai meu pedido e minhas orações até o trono de Deus, Único e sumamente poderoso. Com plena confiança nos privilégios que tendes, confiante em vossa poderosa intercessão, eu vos suplico, glorioso São Jorge, implorando vossa proteção. Sede meu companheiro na estrada de minha vida e destruí as pedras para não ferirem meus pés nesta caminhada. Neste momento em que tanto preciso de vós, vinde em meu auxílio *(faça agora o seu pedido)*. Fortalecei minha fé, minha coragem e ajudai-me neste momento de aflição, em que a vós recorro. Com o poder de Deus, o Divino Pai Eterno, de Nosso Senhor Jesus Cristo e do Divino Espírito Santo Paráclito. Amém!

– Glorioso São Jorge! Rogai por nós!

– Pai nosso... Ave, Maria... Glória ao Pai...

Referências bibliográficas

FRED, Jorge. *História de São Jorge*. Editora Prelúdio, 1958.

SGARBOSSA, Mario; GIOVANNINI, Luigi. *Um Santo para cada dia*. Editora Paulinas, 1986

ÍNDICE

A marca FSC® é a garantia de que a madeira utilizada na fabricação do papel deste livro provém de florestas que foram gerenciadas de maneira ambientalmente correta, socialmente justa e economicamente viável.

Este livro foi composto com as famílias tipográficas Minion Pro e Segoe e impresso em papel Offset 75g/m² pela **Gráfica Santuário.**